VENTE

Du Samedi 6 Décembre 1913

HOTEL DROUOT, SALLE N° 10

A 2 HEURES 1/2

EXPOSITION PUBLIQUE

Le Vendredi 5 Décembre 1913

De 2 h. à 6 heures

TABLEAUX ANCIENS

BELLES ESTAMPES

DU XVIIIᵉ SIÈCLE

COMMISSAIRE-PRISEUR

Mᵉ Robert **BIGNON**

EXPERT

M. F. MARBOUTIN

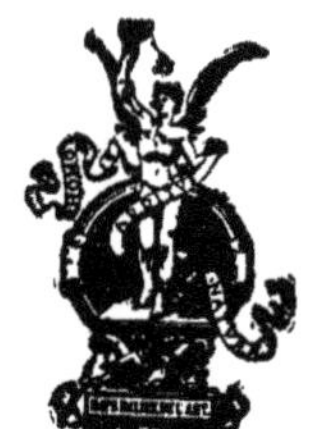

CATALOGUE

DES

TABLEAUX ANCIENS

Par, ou attribués à :

BOTH, CARRACCI, ETTY, GUIDO RENI, IBBETSON, LARGILLIÈRE
TH. LAWRENCE, MORLAND
POELENBURG, ROMNEY, RUBENS, SCHALKEN, TURNER, VAN-DYCK
JOHN VARLEY, VERELST, VIVIEN, WILLIAMS, ETC.

Et des Écoles Anglaise, Flamande, Française

DES XVIᵉ, XVIIᵉ ET XVIIIᵉ SIECLES

BELLES ESTAMPES DU XVIIIᵉ SIÈCLE

Dont la Vente aura lieu à Paris

HOTEL DROUOT, SALLE Nᵒ 10

LE SAMEDI 6 DÉCEMBRE 1913

A 2 HEURES 1/2

Mᵉ Robert BIGNON	**M. F. MARBOUTIN**
COMMISSAIRE-PRISEUR	PEINTRE - EXPERT
41, rue de la Victoire	2, rue de Marseille

EXPOSITION PUBLIQUE

Le Vendredi 5 Décembre 1913, de 2 heures à 6 heures

CONDITIONS DE LA VENTE

Elle sera faite au comptant.

Les adjudicataires paieront *dix pour cent* en sus des enchères.

Paris. — Imp. de l'Art. CH. BERGER, 41, rue de la Victoire.

DÉSIGNATION

TABLEAUX

ALBANI
(École de FRANÇOIS)

1 — *L'Enfance de Bacchus.*

Toile. Haut., 78 cent.; larg., 1 m. 12 cent.

BOTH
(JEAN)

2 — *Paysage animé de personnages et animaux.*

Avant le retour à la ferme, les paysans conduisent leurs animaux à l'abreuvoir; à gauche, d'autres personnages jouent aux boules.

Au second plan, des constructions; au fond, des collines se détachent sur un ciel de couchant.

Panneau bois. Haut., 45 cent.; larg., 55 cent.

(Ce tableau provient de la collection Lloyd de Manchester.)

CARRACCI
(LOUIS)

3 — *La Vision de saint François.*

Toile. Haut., 51 cent.; larg., 41 cent.

(N° 54 du catalogue de la vente des comtes de Shrewsbury, faite au château d'Alton Towers, le 6 juillet 1857.)

COZENS
(G.-R.)

4 — *Paysage, vue de Suisse.*

Aquarelle. Haut., 38 cent.; larg., 51 cent.

DORÉ
(GUSTAVE)

5 — *Son Portrait et celui de M. Freeman.*

Signé à droite.
Dessin à la mine de plomb.

Haut., 26 cent.; larg., 15 cent.

ÉCOLE ANGLAISE

6 — *Portrait de François Ier.*

Panneau bois. Haut., 32 cent.; larg., 25 cent.
Cadre Louis XIV en bois sculpté et doré.

ÉCOLE ANGLAISE

7 — *Portrait d'Enfant.*

Toile. Haut., 72 cent.; larg., 58 cent.

ÉCOLE ANGLAISE
(XVIIIe siècle)

8 — *Portrait de Fillette.*

Représentée à mi-corps, tournée de trois-quarts
vers la gauche; elle est vêtue d'une robe d'étoffe
blanche légèrement décolletée, un collier de co-
rail rehausse la blancheur de son cou. Au loin,
des rochers et la mer se détachent sur un ciel de
couchant.

Panneau bois. Haut., 29 cent.; larg., 22 cent.

ÉCOLE ANGLAISE
(XVIII° siècle)

9 — *Portrait de M. Salkeld, de York.*

Toile. Haut., 75 cent ; larg., 64 cent.

ÉCOLE ANGLAISE
(XVIII° siècle)

10 — *Vue de Vérone.*

Toile. Haut., 70 cent.; larg., 56 cent.

ÉCOLE ANGLAISE
(XVIII° siècle)

11 — *Portrait présumé de la Comtesse de Stamford.*

Toile. Haut., 92 cent.; larg., 70 cent.

ÉCOLE ESPAGNOLE
(XVII° siècle)

12 — *Portrait d'Homme.*

Toile marouflée sur panneau.

Haut., 51 cent.; larg., 42 cent.

ÉCOLE FLAMANDE

13 — *Les Joueurs de cartes.*

Panneau bois. Haut., 26 cent.; larg., 21 cent.

ÉCOLE FLAMANDE
(XVI° siècle)

14 — *La Reine Elisabeth d'Angleterre dinant avec son favori, le comte de Leicester, sur la terrasse d'un château.*

Panneau bois. Haut., 19 cent.; larg., 25 cent.

Cadre ancien.

ÉCOLE FLAMANDE
(XVII° siècle)

15 — *Portrait présumé de Philippe III, d'Espagne.*

Il est représenté en buste de trois-quarts vers la droite, la tête inclinée légèrement à gauche. Une collerette garnie de dentelle se détache sur son justaucorps de velours noir; il porte au cou le collier de l'Ordre de la Toison-d'Or.

Toile de forme ovale.

Haut., 75 cent.; larg., 62 cent.

ÉCOLE FLAMANDE
(XVII° siècle)

16 — *Paysage animé de personnages.*

Panneau bois. Haut., 67 cent.; larg., 85 cent.

ÉCOLE FLAMANDE
(XVII° siècle)

17 — *Portrait de sir Théodore Turquet de Mayerne, médecin à la Cour des rois Charles Ier et Charles II d'Angleterre.*

Assis dans un large fauteuil de velours rouge, il a la tête légèrement inclinée vers la droite; son regard, son vaste front découvert expriment une grande énergie. Sa main droite repose sur un bras de fauteuil, la gauche retient le manteau qui est jeté sur l'épaule gauche.

Toile. Haut., 36 cent.; larg., 30 cent.

Probablement une étude finie, faite pour l'exécution du tableau de Théodore Turquet de Mayerne, qui se trouve à Londres, à la National Gallery. Portraits.

ÉCOLE FLAMANDE
(XVIIe siècle)

18 — *Paysage animé de personnages.*

Toile. Haut., 48 cent.; larg., 69 cent.

ÉCOLE FRANÇAISE
(Commencement du XVIIe siècle)

19 — *Portrait de Femme.*

Toile. Haut., 58 cent.; larg., 48 cent.

ÉCOLE FRANÇAISE
XVIIe siècle.

20 — *Portrait de Femme.*

Toile. Haut., 43 cent.; larg., 35 cent.

ÉCOLE FRANÇAISE
(Commencement du XVIIIe siècle)

21 — *Portrait d'Homme.*

Représenté de buste de trois-quarts, la tête
légèrement tournée vers la droite, il porte une
perruque blonde. De son gilet de soie bleue
s'échappe un jabot de fine lingerie, un manteau
est jeté sur ses épaules.

Toile. Haut., 75 cent.; larg., 63 cent.

Cadre Louis XIII en bois sculpté.

ÉCOLE FRANÇAISE
(XVIIIe siècle

22 — *Portrait de Jeune Femme.*

Toile. Haut., 75 cent.; larg., 51 cent.

ÉCOLE HOLLANDAISE
(XVII siècle)

23 — *Portraits d'Homme et de Femme se tenant par la main.*

Toile. Haut., 65 cent ; larg., 58 cent.

ÉCOLE ITALIENNE
(XVII° siècle)

24 — *Bergers et animaux.*

Toile. Haut., 38 cent.; larg., 32 cent.

ETTY
(Attribué à W.)

25 — *La Madeleine.*

Toile. Haut., 50 cent.; larg., 50 cent.

GUIDO
(RENI)

26 — *Adam et Ève.*

Monogramme à droite.

Panneau bois. Haut., 33 cent.; larg., 43 cent.

IBBETSON
(J.-C.)

27 — *Les Contrebandiers.*

Toile. Haut., 23 cent.; larg , 30 cent.

LAIRESSE
(Attribué à GERARD)

28 — *Offrande au dieu Pan.*

Panneau bois. Haut., 42 cent.; larg., 31 cent

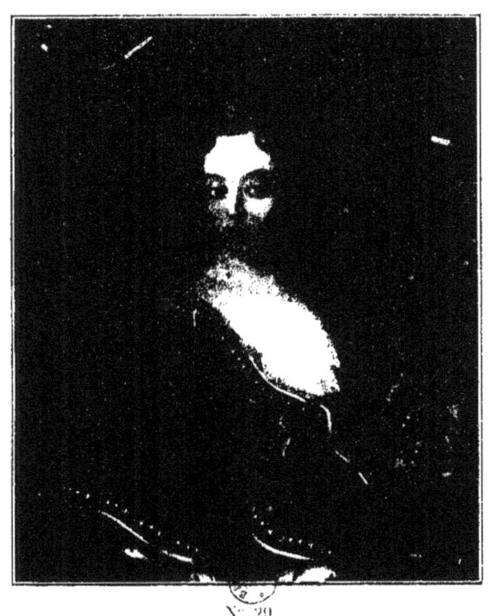

Nᵒ 29

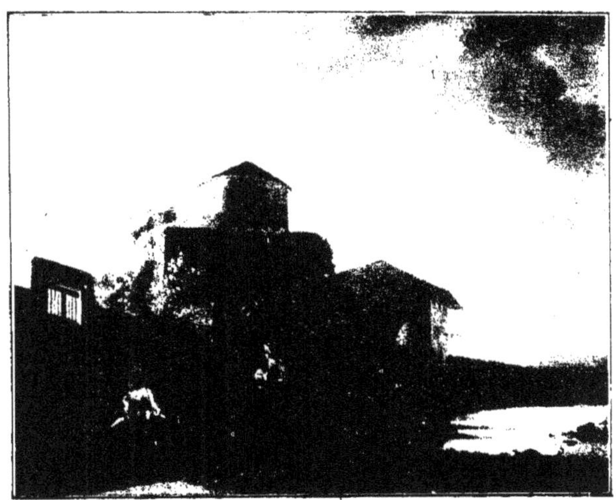

Nᵒ 2

LARGILLIÈRE

Attribué a NICOLAS DE

29 — *Portrait présumé de Marie-Adélaïde de Savoie, duchesse de Bourgogne.*

Elle est représentée en buste, de trois-quarts a droite, la tête tournée vers la gauche : un bijou enrichi d'une émeraude retient sa chevelure, de laquelle s'échappe une longue boucle qui retombe sur son épaule gauche. Le corsage de velours rouge largement décolleté laisse voir sa poitrine : un manteau de velours orné de pierreries et de perles fines, doublé d'hermine, est jeté sur ses épaules.

Monogramme *N L* à droite.

Toile. Haut., 81 cent ; larg., 65 cent.

Présumé provenir de la Collection de l'Honorable Walter Long, ancien ministre anglais de l'Agriculture

LAWRENCE

Attribué a THOMAS

30 — *Portraits présumés de la Comtesse de Derby et de son fils.*

Monogramme *T. S.* sur la base de la colonne à gauche.

Aquarelle. Haut., 27 cent.; larg., 21 cent.

Très probablement une œuvre de jeunesse de Lawrence qu'il aurait faite vers l'âge de 16 ans, si on s'en rapporte à un journal de cette époque trouvé dans l'encadrement et portant la date : *Bristol, Décembre 1786.*

MEMLING

(École de HANS)

31 — *Portrait de la Femme de Hendrick Nieuwenhoven.*

La tête tournée vers la gauche, elle est représentée en buste ; elle porte une haute coiffe de fine lingerie dont les ailes retombent sur les épaules ; son corsage de velours noir garni de fourrure est légèrement ouvert ; ses mains ornées de sept bagues sont croisées et reposent sur le bord d'un balcon de marbre.

Panneau bois. Haut., 38 cent.; larg., 3o cent.

MORLAND

(GEORGE)

32 — *La Nourriture des cochons.*

Monogramme en haut à gauche.

Toile. Haut., 46 cent. ; larg., 56 cent.

MORLAND

(Attribué à GEORGE)

33 — *Combat de chiens.*

Plaque métal. Haut., 38 cent. ; larg., 5o cent.

(Provient de la Collection de Birmingham.)

MORLAND

(Attribué à GEORGE)

34 — *Oubliés !*

Panneau bois. Haut., 23 cent. ; larg., 15 cent.

MORLAND

(Attribué à GEORGE)

35 — *Le Pansage du cheval de poste.*

Toile. Haut., 49 cent.; larg., 36 cent.

POELENBURG

Attribué à CORNEILLE VAN

36 — *Le Bain des Nymphes.*

Panneau bois. Haut., 32 cent.; larg., 43 cent.

REMBRANDT

D'après

37 — *Le Rabbin.*

Dessin au fer chaud sur bois.

Panneau bois. Haut., 51 cent.; larg., 43 cent.

ROMNEY

(GEORGE)

38 — *Portrait de Madame Kenrick.*

La tête appuyée dans sa main gauche, elle est
assise devant le buste de son mari et semble, par
la pensée, s'entretenir avec lui; l'expression de son
visage reflète les doux souvenirs des jours heureux d'autrefois. Elle porte une coiffure de lingerie garnie de dentelle, un fichu de même étoffe
recouvre ses épaules. Le bras droit repose sur
ses genoux dans une attitude d'abandon.

Toile. Haut., 75 cent.; larg., 63 cent.

Provient de la vente Kenrick de Birmingham.)

Portrait cité dans les Mémoires de Romney
comme ayant été peint en 1785.

ROMNEY
(GEORGE)

39 — *Portrait du II^{ble} Russell, cousin du duc de Bedford.*

Représenté assis, la tête presque de face, il tient de la main droite un livre entr'ouvert : de son habit de couleur sombre, à la coupe sévère sort un jabot de lingerie.

Toile. Haut., 75 cent.; larg., 63 cent.

(Provient de la vente du Marquis d'Huntley.)

ROMNEY
(Attribué à GEORGE)

40 — *Portrait de Miss Rose, nièce de John Rose, fondateur de la poterie de Coalport.*

Représentée à mi-corps, la tête tournée de trois quarts vers la gauche, dans ses mains elle tient délicatement une colombe. Elle porte une robe blanche décolletée ; un ruban est passé dans sa chevelure dont une boucle glisse sur sa poitrine. Un voile jeté sur ses épaules s'enroule autour de son bras gauche.

Toile. Haut., 75 cent.; larg., 63 cent.

RUBENS
(Attribué à PIERRE-PAUL)

41 — *Portrait présumé de Pieter Ramp, officier du corps des archers de Saint-Georges.*

La tête tournée de trois quarts vers la gauche ; il porte un pourpoint de velours et de soie, au cou une fraise tuyautée.

Toile. Haut., 57 cent.; larg., 45 cent.

A gauche, près de la collerette, les lettres P. P. R., mais très difficilement lisibles.

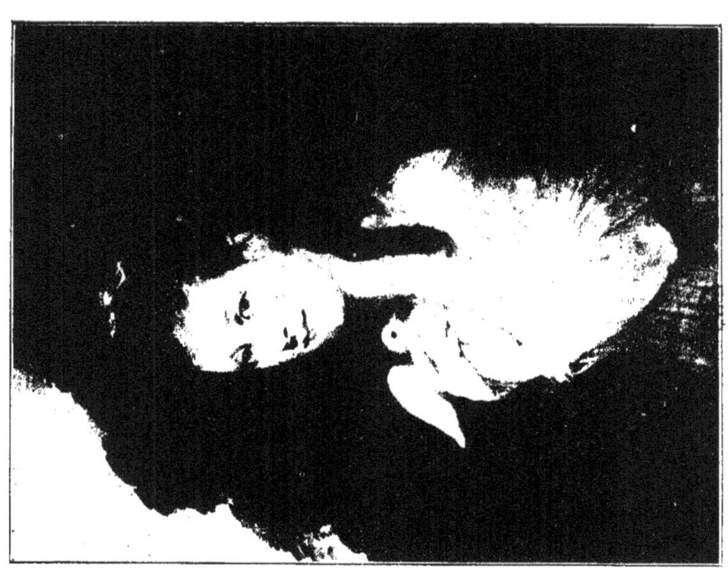

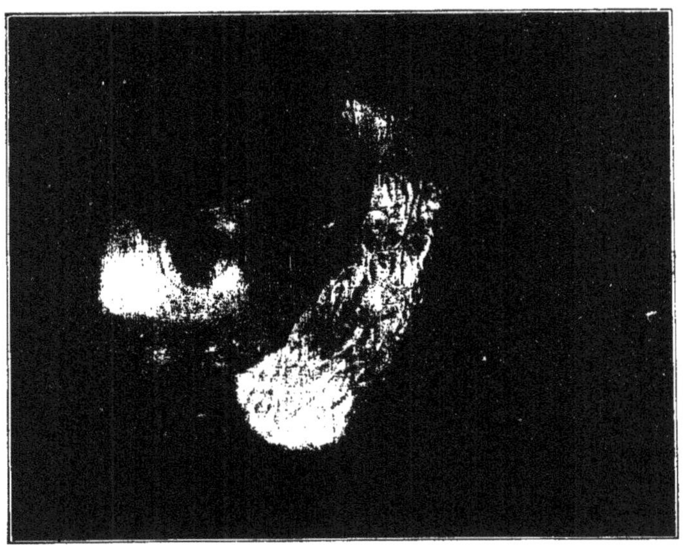

RUBENS

(Atelier de)

42 — *L'Adoration des Mages.*

Panneau bois. Haut., 55 cent.; larg., 75 cent.

Provient de la Collection de sir Henry Bromley baronet,
de Newark.)

SCHALKEN

(GODEFROID)

43 — *Le Sommeil d'une Nymphe.*

Signé en haut à gauche.

Toile. Haut., 44 cent ; larg., 48 cent

Cadre bois sculpté.

TURNER

(J.-M.-W.)

44 — *La Côte anglaise près de Douvres. Matinée brumeuse.*

Sur un ciel chargé de vapeurs que le soleil
parvient difficilement à percer, des galeries et une
jetée, près de laquelle des barques de pêche sont
amarrées, s'aperçoivent sur la droite ; à gauche,
un groupe de bateaux.

Toile. Haut., 61 cent.; larg., 91 cent.

Ce tableau fut acheté par le dernier élève
vivant de Turner : John Gloyne George, d'Acton
près Londres.

VAN DYCK
(ANTOINE)

45 — *Portrait de Francis Russell, quatrième comte de Bedford.*

Debout, en pied, le corps portant sur la jambe droite, la gauche légèrement pliée; une fine chevelure encadre son visage à l'expression mélancolique et retombe en boucles sur un large col de lingerie. Il est vêtu d'un costume de velours noir, des nœuds de rubans retiennent ses bas de soie. Sa main droite tombe négligemment sur la jambe, la gauche est appuyée sur la hanche. A ses pieds, son chien favori sollicite une caresse.

Le fond est formé d'une draperie et de colonnes qui se détachent sur un ciel de couchant.

Toile. Haut., 46 cent.; larg., 32 cent.

Ce portrait peint vers 1636 est probablement l'étude très poussée faite pour le grand portrait par Van Dyck qui existe à Woburn Abbey, au château des ducs de Bedford. Portrait gravé par Wenzel Hollar.

VAN DE VELDE
(École de GUILLAUME, LE VIEUX)

46 — *L'Incendie du vaisseau.*

Toile. Haut., 38 cent.; larg., 1 m. 18 cent.

VARLEY
(JOHN)

47 — *Ferme à la lisière du bois.*

Aquarelle. Haut., 25 cent.; larg., 35 cent.

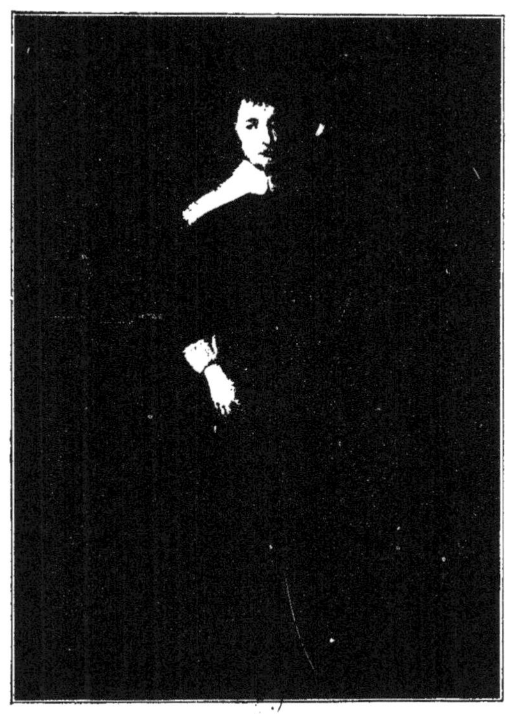

Nº 45

VARLEY
(JOHN)

48 — *Paysage animé.*

Aquarelle. Haut., 25 cent.; larg., 35 cent.

VARLEY
(Attribué à JOHN)

49 — *Ecker Bridge.*

Aquarelle. Haut., 11 cent.; larg., 165 millim.

VERELST
(SIMON)

50 — *Portrait de John Verelst, son fils.*

Toile de forme ovale, marouflée sur panneau.

Haut., 36 cent.; larg., 30 cent.

Cadre bois sculpté.

VIVIEN
(JOSEPH)

51 — *Son Portrait par lui-même.*

Signé au milieu en bas.

Haut., 74 cent.; larg., 62 cent.

WATTEAU
(Attribué à LOUIS DE LILLE)

52 — *Plaisirs champêtres.*

Lavis à l'encre de Chine rehaussé de gouache.

WILLIAMS
(W. J.)

53 — *Portrait de la marquise de Buckingham.*

Signé à droite et daté : 1795.

Toile. Haut., 58 cent.; larg., 48 cent.

ESTAMPES ANCIENNES
DU XVIIIe SIÈCLE

BAUDOUIN
(D'après P.-A)

54 — « *Jusques dans la moindre chose.* »

Par Masquelier.

Belle épreuve. Rare.

BOUCHER
(D'après Fr.)

55 — *Tête de Femme.*

Par Bonnet.

Épreuve aux deux crayons. Très rare.

BOUNIEU
(D'après)

56 — *L'Espoir d'un heureux jour.*

Par Bonnet (Louis Marins).

Épreuve imprimée en couleur.

CARESME
(D'après J.-Ph.)

57 — *La Petite Thérèse.*

Par J. Couché.

Très belle épreuve, avec marge.

DROUAIS
(D'après)

58 — *Le Château de Cartes.*

Par Mlle Boizot.

FRAGONARD
(D'après)

59 — *Le Serment d'amour.*
   Par De Launay.
   Très belle épreuve, marge.

FRAGONARD
(D'après)

60 — *La Bonne mère.*
   Par De Launay.
   Très belle épreuve, avec marge.

FRAGONARD
(D'après H.)

61 — *Les Hazards heureux de l'escarpolette.*
   Par De Launay.
   Belle épreuve, toute marge.

GARNERAY
(D'après)

62 — *La Jarretière.*
   Par Michault et Legrand.
   Épreuve avant la lettre.

GÉRARD
(D'après Mlle)

63 — *L'Art d'aimer.*
   Par H. Gérard.
   Gravure en noir avant la lettre.

HOPWOOD

64 — *Mrs Clarke.*

> Épreuve imprimée en couleurs. Toute marge.

HUET
(D'après J.-B.)

65 — « *Ce qui est bon à prendre est bon à garder.* »

> Par CHAPONNIER.

HUET
(D'après J.-B.)

66 — *Le Souper.*

67 — *Le Diner.*

> Très belles épreuves imprimées en couleurs, avec marges.

HUET
(D'après J.-B.)

68 — *The Balance.*

> Par BONNET.
>
> Belle épreuve imprimée en couleurs, toute marge.
>
> Cadre ancien en bois sculpté.

HUET
(D'après J.-B.)

69 — *La Déclaration.*

> Par LEGRAND.
>
> Très belle épreuve imprimée en couleurs, remmargée.

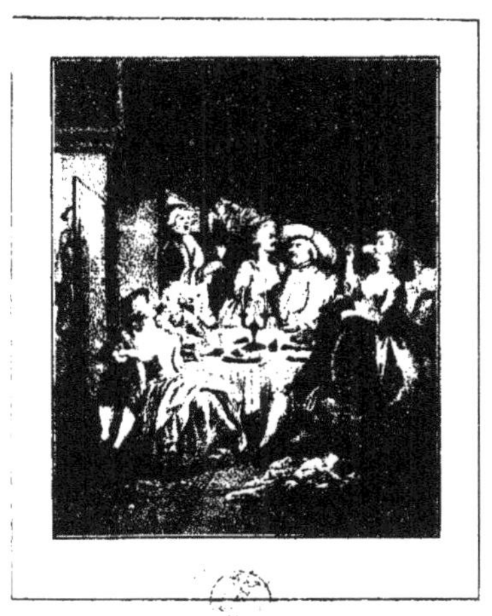

Nº 66

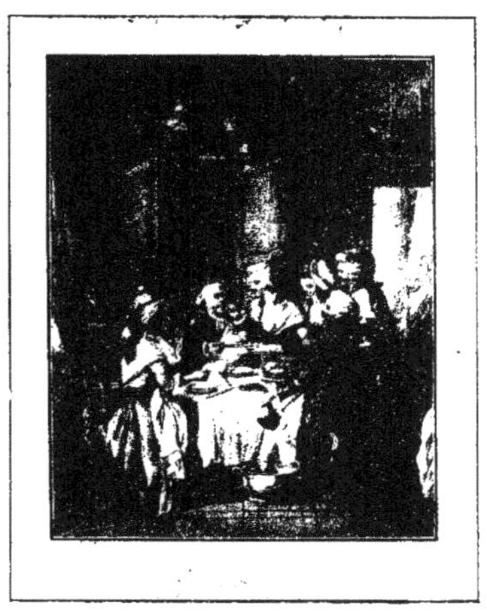

Nº 67

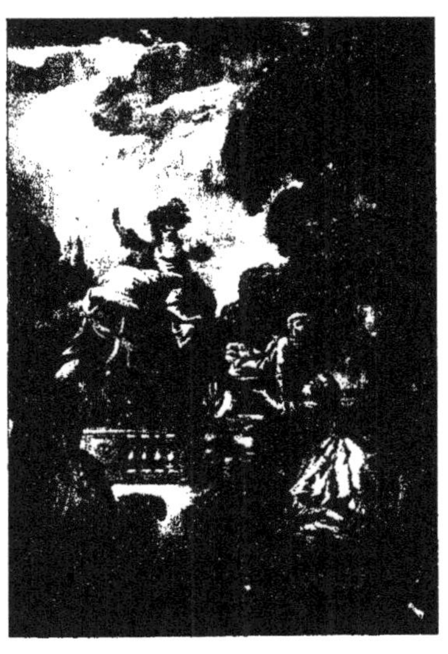

Nº 52

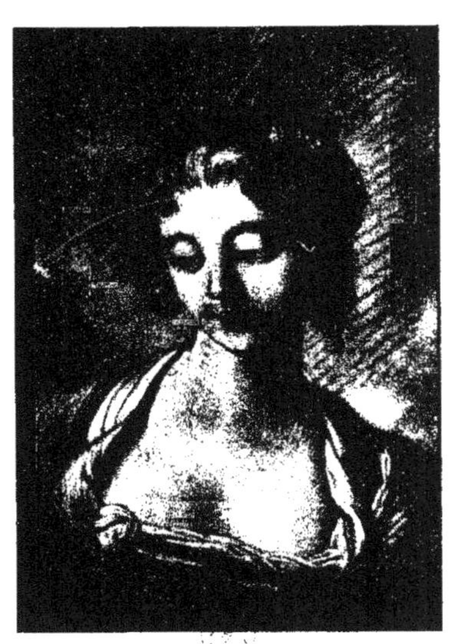

Nº 55

LAVREINCE
(D'après N.)

70 — *Valmont and Emilie.*
Par ROMAIN GIRARD.
Épreuve imprimée en couleurs. Très rare.

LAVREINCE
(D'après N.)

71 — *La Sentinelle en défaut.*
Par DARCIS.
Très belle épreuve imprimée en couleurs, toute marge.

LAVREINCE
(D'après N.)

72 — *Les Soins mérités.*
Par DE LAUNAY.
Très belle épreuve, toute marge.

MOREAU
(D'après)

73 — *La Surprise.*
Toute marge.

MORLAND
(D'après GEORGE)

74 — *Les Jardins de Saint-James.*
Gravure en couleur de forme ovale.

OSTADE
(D'après VAN)

75 — *Chaumière flamande.*

> Par JANINET.
>
> Belle épreuve imprimée en couleurs.

OSTADE
D'après VAN

76 — *La Tabagie hollandaise.*

> Par JANINET.
>
> Belle épreuve imprimée en couleurs.

REYNOLDS
(D'après J.)

77 — *Miss Chister.*

> Très belle épreuve, avant toute lettre.

SMITH
(D'après)

78 — *The Moralist.*

> Par NUTTER.
>
> Très belle épreuve imprimée en couleurs, avec marge.

VANLOO
(D'après)

79 — *Portrait de Vanloo.*

> Par DEMARTEAU.
>
> Épreuve imprimée en sanguine.

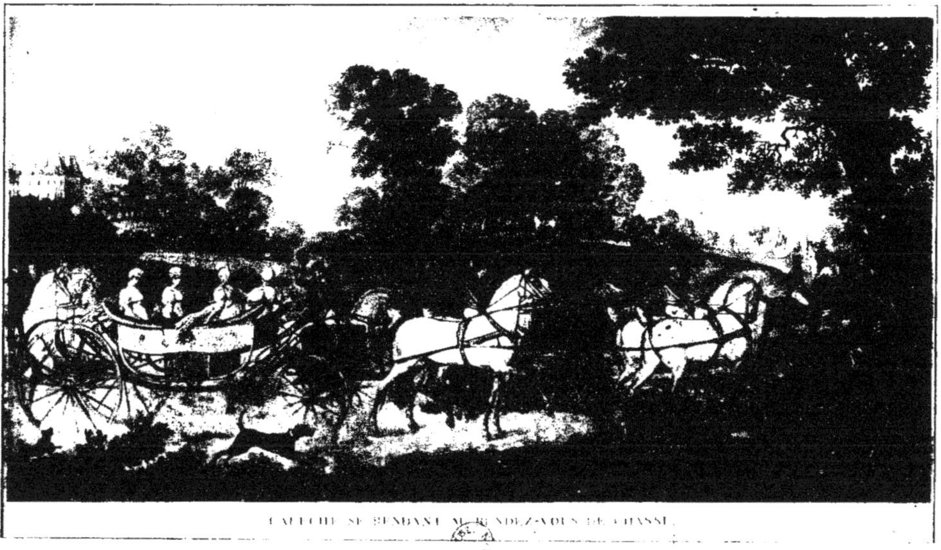

Nº 81

VANLOO
(D'après)

80 — *Le Coucher.*

> Belle épreuve, avant toute lettre.

VERNET
(D'après CARLE)

81 — *Calèche se rendant au rendez-vous de chasse.*

> Par DEBUCOURT.
> Belle épreuve. Rare.

VERNET
(D'après CARLE)

82 — *Les Chiens ayant perdu la trace.*

> Par DEBUCOURT.
> Très belle épreuve.

WATTEAU
(D'après)

83 — *Les Amusements champêtres.*

> Par B. AUDRAN.
> Belle épreuve.

84 — *Les Frères Pixis.*

9 782329 533780